*Für David mit Dank für seine
Unterstützung und Ermutigung.
Und für Rosemarie und Livi, die mir immer wieder
gezeigt haben, wie wichtig diese Geschichten sind.*
P. L.

Titel der Originalausgabe:
The Lion Nursery Bible
© 2014 Lion Hudson plc, Wilkinson House, Jordan Hill Road, Oxford OX2 8DR, England
www.lionhudson.com/lionchildrens

© Text: 2014 Elena Pasquali
© Illustrationen: 2014 Priscilla Lamont

Übersetzung aus dem Englischen: Renate Hübsch

Deutsche Ausgabe:
© 2015 Brunnen Verlag, Gottlieb-Daimler-Str. 22, 35398 Gießen
www.brunnen-verlag.de
Satz: DTP Brunnen
Gedruckt in China
ISBN 978-3-7655-6800-8

Kinderbibel
für die Kleinen

Erzählt von *Elena Pasquali*
Illustriert von *Priscilla Lamont*

Inhalt

Altes Testament

Am Anfang 10
1. Mose 1–3

Noah und die Arche 22
1. Mose 6–9

Abraham und Sara 34
1. Mose 12,17–18,21

Josef und seine Brüder 46
1. Mose 37 + 39–45

Mose und der König 58
2. Mose 2–14

David und Goliat 70
1. Samuel 17

Jona und das tiefe Meer 82
Jona 1–4

Daniel und die Löwen 94
Daniel 6

Neues Testament

Jesus wird geboren   108
Matthäus 1–2; Lukas 1–2

Jesus wird erwachsen   120
Matthäus 6 + 13; Lukas 2 + 4–6 + 11

Verloren und gefunden 132
Lukas 15

Wind und Wellen 144
Lukas 8

Ein Samariter hat Mitleid 156
Lukas 10

Jesus in Jerusalem 168
Matthäus 21 + 26–27

Ein neuer Anfang 180
Matthäus 28; Johannes 20;
Apostelgeschichte 2

Altes Testament

Gott erschuf die Erde,
Himmel, Luft und Meer.
Hat auch dich geschaffen
und liebt dich so sehr.

Am Anfang

Du und ich und alle Menschen sind auf der Welt zu Hause.
Aber woher kommt unsere Welt? Und warum gibt es sie?

Niemand weiß, wie lange man sich die Geschichte davon, wie alles begann, schon erzählt.

Am Anfang gab es nichts. Es gab nur Finsternis und Durcheinander ... und Gott.

Dann sagte Gott: „Es soll Licht geben."
Und es wurde hell.

So fing Gott an, die Welt zu erschaffen.
 „Es soll einen Himmel geben", sagte Gott.
„Und unter dem blauen Himmelsgewölbe soll es Meer und Land geben.

Ich will, dass viele verschiedene Pflanzen wachsen.

Bunte Blumen sollen ihre Blüten öffnen.

Und ihre Samen und Früchte sollen in der Sonne reifen.

Im Meer sollen Fische schwimmen.
Vögel sollen durch die Luft fliegen und in den Baumwipfeln zwitschern.

Und es soll viele verschiedene Tiere geben:
 Tiere mit Flügeln und Tiere mit Flossen,
 Tiere mit Pfoten und Tiere mit Hufen,
 Tiere mit Fell und Tiere mit Federn,
 Tiere mit Hörnern und Tiere mit Mähnen."

Und zuletzt schuf Gott die Menschen: Adam und Eva.

„Diese Erde ist euer Zuhause", sagte Gott. „Sorgt gut für alles, was ich geschaffen habe.

An jedem siebten Tag sollt ihr ausruhen und euch über die Tiere, Pflanzen und meine ganze Schöpfung freuen.

Aber etwas müsst ihr noch wissen: Es gibt einen Baum, den ihr nicht anrühren dürft. Wenn ihr die Früchte dieses Baumes esst, wird etwas Schlimmes geschehen."

Adam und Eva lebten gern in ihrem paradiesischen Zuhause. Sie waren sehr glücklich.

Aber dann hörte Eva eines Tages etwas ... Es war ein leises, zischendes Geflüster. „Wirklichchch? Hat Gott wirklichchch gesssagt, ihr ssssollt diessse kössstlichchchen Früchte nicht esssen?"

„Wie ssseltsssam! Denn wenn ihr sssie esssst, werdet ihr ... kluuug sssein. Ssso klug wie Gott.

Komm ... kossste mal ..."

Eva konnte nicht widerstehen.
Sie pflückte sich eine Frucht
und biss hinein.

„Adam!", rief sie. „Komm, koste mal.
Das ist köstlich!"

Adam und Eva hatten nicht auf Gott gehört.

Und von dem Moment an ging alles schief.

Für alles, was sie brauchten, mussten sie nun selbst sorgen. Sie mussten arbeiten.

Und viele Dinge machten ihnen Sorgen.

Aber am schlimmsten war, dass Gott und sie keine Freunde mehr waren.

Sie hatten wirklich einen schlimmen Fehler gemacht.

Konnten sie den je wiedergutmachen?

Noah und die Arche

Adam und Eva bekamen Kinder. Und die bekamen auch wieder Kinder …

Und mit der Zeit gab es immer mehr Menschen auf der Erde. Aber das Leben war nicht mehr schön. Denn überall stritten die Menschen. Sie bekämpften sich. Sie kümmerten sich nicht um das, was recht ist.

„Es tut mir leid, dass ich sie geschaffen habe", sagte Gott. „Nur ein einziger Mensch gefällt mir. Das ist Noah, der Bauer. Er soll mir dabei helfen, noch einmal von vorn anzufangen."

Gott erzählte Noah von seinem Plan.

„Ich werde eine große Flut schicken. Die wird alles Böse wegwaschen. Du baust ein Schiff: eine große Arche, die auf dem Wasser schwimmen kann.

Und du musst mit deiner Familie auf dieses Schiff gehen. Dort seid ihr sicher.

Und ihr sollt je ein Männchen und ein Weibchen
von allen Tieren mitnehmen."

Noah ging gleich
an die Arbeit.

Als die Arche fertig war, kamen die Tiere an Bord.
Alle fanden ein kuscheliges Plätzchen für sich.
Dann gingen auch die Menschen in die Arche.
Sie warteten.

Gott verschloss die Tür hinter ihnen. Und dann ließ er es regnen.

Zuerst hörten die Menschen in der Arche nur ein leises Plätschern:

Plitsch … platsch …

Aus dem Plätschern wurde ein Brausen und Rauschen, dann ein Gurgeln und Tosen. Flüsse überschwemmten die Ufer. Bald war das ganze Land von Wasser bedeckt.

Es gab nichts mehr als Wasser. Überall Wasser.
Und Noah und die Arche. Und Gott.

Die Arche schwamm auf dem Wasser.
Tagelang. Wochenlang.

Irgendwann hörte der Regen auf. Die Arche schwamm noch immer.

Aber eines Tages …

Knirsch! Die Arche saß auf einem Berggipfel fest.
Ganz langsam sank das Wasser.

Jeden Tag tauchten mehr Gipfel aus dem Wasser auf.
Noah ließ einen Raben ausfliegen. Er sollte nach trockenem Land suchen.
Aber er kam nicht zurück.
Da ließ Noah eine Taube ausfliegen.

Sie kam zurück. Und – sie hatte einen Olivenzweig im Schnabel.

Irgendwo auf der Erde gab es wieder Bäume.

Endlich war die Erde wieder trocken. Gott sagte Noah, er solle alle Tiere aus der Arche herauslassen.

„Die Tiere sollen Junge haben und die Erde wieder füllen", sagte Gott.

„Und du und deine Familie, Noah, ihr sollt auch Kinder und Enkelkinder haben.

Sie sollen die Felder bestellen und die Ernte einbringen, wie du es getan hast.

Sieh: Am Himmel steht ein Regenbogen.
Mit diesem Zeichen verspreche ich euch,
dass es nie mehr eine so große Flut geben soll."

Abraham und Sara

Abram lebte vor langer, langer Zeit.

Es war vor so langer Zeit, dass Abram noch von Noah wusste. Denn die Namen von Abrams Eltern, Großeltern und Urgroßeltern reichten bis zu Noah zurück.

Abram war reich. Er besaß Schafe, Ziegen, Rinder, Esel und sogar Kamele.

Er hatte auch eine Frau: Sarai. Sarai war schön.

Aber er hatte keinen Sohn. Und darüber war Abram sehr traurig.

Eines Tages redete Gott mit Abram. Abram war darüber sehr erstaunt.

„Abram", sagte Gott. „Ich möchte, dass du von zu Hause fortgehst und in ein anderes Land ziehst.

Dort wirst du Kinder haben. Deine Familie wird sehr groß werden.

Sie wird besonders nah zu mir gehören als mein Volk, meine Freunde.

Sie werden anderen Menschen zeigen, was es bedeutet, als Freunde zu leben. Und so werden sie meinen Segen zu allen Menschen tragen."

Abram vertraute Gott. Mit Sarai und seinem ganzen Haushalt zog er fort, um ein neues Leben anzufangen.

Das war sehr mutig. Abram hatte in einem Haus in einer Stadt gelebt.

Jetzt zog er durch die Wüste und lebte in einem Zelt.

Der Weg nach Kanaan war weit. Unterwegs mussten sie immer nach Wasser und nach frischem Gras für die Tiere suchen.

Und wenn Abram einmal einen guten Platz gefunden hatte, konnte er dort nicht lange bleiben.
Aber das war noch nicht alles.

Abram und Sarai hatten immer noch keinen Sohn.
Und das war schlimm.
Eines Abends redete Gott wieder mit Abram.
„Komm vor dein Zelt", sagte er. „Sieh dir die Sterne an.
Es gibt viel mehr, als du zählen kannst.

Eines Tages wird es in deiner Familie mehr Menschen geben, als es Sterne am Himmel gibt."

Abram hoffte, dass Gott dieses Versprechen wahr machen würde.

Andere, die zu Abrams Haushalt gehörten, bekamen Kinder.

Sarai wurde traurig, wenn sie den Kindern beim Spielen zusah.

Sie wurde immer älter. „Bald bin ich zu alt, um noch Mutter zu werden", seufzte sie.

„Ich halte mein Versprechen", sagte Gott zu Abram.

„Von heute an sollst du Abraham heißen. Das bedeutet: ‚Vater von vielen'.

Und deine Frau soll Sara heißen. Das bedeutet ‚Prinzessin'."

Und dann wurde endlich wahr, was Gott versprochen hatte:

Abraham und Sara bekamen einen Sohn.
Jetzt konnten sie endlich richtig glücklich sein.
Sie nannten ihren Sohn Isaak. Das bedeutet „Lachen".

Abraham war sehr stolz auf seinen Sohn.
Jetzt wusste er genau, dass er Gott vertrauen konnte.

Josef und seine Brüder

Josef war neugierig.
Warum hatte sein
Vater ihn gerufen?

„Diesen schönen Mantel will ich dir schenken", sagte sein Vater Jakob.
„Ich habe dich nämlich ganz besonders lieb.
Mein Großvater Abraham und mein Vater Isaak wären stolz auf dich. Du wirst später einmal – nach mir – der Wichtigste in dieser Familie sein."

Josef war auch stolz. „Das klingt wie etwas, wovon ich geträumt habe", verriet er seinen Eltern und Geschwistern. „In meinem Traum waren wir alle auf dem Feld, um Getreide zu ernten. Meine Getreidegarbe stand am festesten, und eure Garben verneigten sich vor ihr."

Josef hatte zehn ältere Brüder. Sie ärgerten sich. „Wir verneigen uns bestimmt nicht vor dir", murrten sie.

Bald darauf hüteten die zehn großen Brüder weit entfernt die Schafe und Ziegen ihres Vaters.

Jakob schickte Josef hinterher, um zu sehen, was sie machten. „Zeigen wir ihm, was wir von ihm halten", verabredeten sich die Brüder. Sie lauerten Josef auf und verprügelten ihn.

Da kam eine Händlerkarawane vorbei.
„Wir verkaufen ihnen Josef als Sklaven", beschlossen die Brüder.

Und das taten sie. Dann rissen sie Josefs Mantel in Fetzen und zeigten sie ihrem Vater Jakob. „Irgendein Raubtier muss Josef erwischt haben", logen sie.

Die Händler brachten Josef weit fort, nach Ägypten.

Dort war er ein Sklave. Er diente seinem Herrn zuverlässig.

Aber die Frau seines Herrn erzählte Lügen über Josef.

Sie sagte, er habe versucht ihr etwas anzutun.

Und so warf man Josef ins Gefängnis.

Aber auch dort gab er sein Bestes.

Er fand Freunde, denn Gott hatte ihm eine besondere Gabe geschenkt: Er konnte Träume deuten.

Eines Tages hatte der ägyptische König rätselhafte Träume. Niemand im Palast konnte erklären, was sie bedeuteten. Da schickte man nach Josef.

„Ich habe von sieben fetten Kühen geträumt", sagte der König. „Dann kamen sieben magere Kühe und fraßen die fetten.

Dann sah ich sieben prallvolle Getreideähren. Aber es kamen sieben leere Ähren und fraßen die vollen."

Josef verbeugte sich lächelnd. „Ich weiß, was der Traum bedeutet", sagte er. „Sieben Jahre lang wird es gute Ernten geben. Und dann wird es sieben Jahre lang schlechte Ernten geben.

Du brauchst einen Verwalter, der dafür sorgt, dass in den guten Jahren genug Vorräte angelegt werden. Dann werden wir auch in den schlechten Jahren genug zu essen haben."

Der König machte Josef zu seinem Verwalter.

Nach sieben guten Ernten kamen die Jahre mit den schlechten Ernten. Und nur Josef entschied darüber, wer Getreide kaufen konnte.

Eines Tages kamen zehn hungrige Männer von weit her angereist. Sie verneigten sich tief.

Es waren Josefs ältere Brüder. Aber er hatte doch noch einen jüngeren Bruder: Benjamin. Wo war der?

Die Brüder erkannten Josef nicht und er verriet sich nicht. „Erzählt mir von eurer Familie", verlangte er.

Er fand heraus, dass Benjamin noch lebte.

„Bringt ihn her!", forderte er. „Dann glaube ich euch eure Geschichte."

Als Benjamin ankam, machte Josef einen Plan. Benjamin sollte bei ihm bleiben.

Josef sorgte dafür, dass es so schien, als habe ihm Benjamin einen Silberbecher gestohlen.

„Er kommt ins Gefängnis", erklärte Josef.

Einer seiner älteren Brüder trat vor. „Bitte, lass Benjamin zu unserem Vater zurückkehren", flehte er. „Denn er erinnert ihn an einen Sohn, den er vor langer Zeit verloren hat. Lass mich stattdessen ins Gefängnis gehen."

Da merkte Josef, dass es seinen Brüdern leidtat. „Ich bin es – Josef!", rief er.

„Gott hat mich bewahrt, damit ich nun euch helfen kann.

Holt meinen Vater und die ganze Familie her. Ihr sollt von jetzt an in Ägypten leben."

Mose und der König

Die Mutter lächelte ihr neugeborenes Baby an.

„Ich habe so große Hoffnungen und Träume für den Kleinen", sagte sie zu ihrer Tochter Miriam.

Dann seufzte sie. „Ob wohl etwas davon wahr wird?

Vor langer Zeit ließ Josef unser Volk in Ägypten wohnen.

Aber jetzt hat der neue König Sklaven aus uns gemacht. Seine Soldaten sollen unsere Babys in den Fluss werfen. Das hat er befohlen."

„Niemals!", rief Miriam.

„Das lassen wir nicht zu."

Zusammen mit ihrer Mutter legte sie das Baby in ein Körbchen. Sie hatten es mit Pech wasserdicht gemacht. Und dann setzten sie das Körbchen am Ufer des Flusses Nil aus.

Kurz darauf kam eine ägyptische Prinzessin vorbei. Sie wollte baden. Sie sah das Körbchen und fand das Baby darin.

„O, armer Kleiner", sagte sie. „Ich werde dich behalten. Mose werde ich dich nennen. Aber wer soll sich um dich kümmern?"

Miriam hatte sich ganz in der Nähe versteckt. Jetzt kam sie auf die Prinzessin zu.

„Ich kenne jemanden, der für das Baby sorgen kann", sagte sie.

Und dann holte sie ihre Mutter.

Mose wuchs als ägyptischer Prinz auf. Er hatte alles, was er sich wünschen konnte. Aber er wusste: In Wirklichkeit gehörte er zu dem Sklavenvolk. Zu Leuten, die nichts hatten.

Mose war ein junger Mann geworden. Er wollte seinem Volk helfen. Aber das brachte ihn in Schwierigkeiten. Er musste fliehen.

Er wurde Hirte und lebte am Rand der Wüste. Eines Tages sah er einen Busch, der in Flammen stand, aber doch nicht verbrannte.

Er hörte, wie Gott zu ihm redete:

„Mose, ich habe dich ausgewählt. Geh zurück zum König von Ägypten. Sag ihm, er soll mein Volk freilassen."

Mose fürchtete sich. Da sagte Gott: „Nimm deinen Bruder Aaron mit; der wird dir helfen."

Mose ging mit Aaron zum König von Ägypten. „Lass unser Volk von hier fortziehen", verlangten sie.

„Niemals!", war die Antwort. Der König wollte nichts von Gott hören. Er wollte seine Sklaven behalten.

„Niemals lasse ich sie ziehen!", rief er.

„Dann tust du nicht, was Gott will", sagte Mose. „Das bringt bestimmt Ärger."

Und es gab Ärger:

zu viele Frösche,
zu viele Fliegen,

Schwärme von hungrigen Heuschrecken,
die alles auffraßen.

Im ganzen Land gab es Schwierigkeiten.

Dann wurden immer mehr Ägypter krank. Und schließlich änderte der König seine Meinung.

„Nimm dein Volk und zieh fort!", befahl er Mose.
Und das taten sie.
Aber der König überlegte es sich wieder anders.
Er befahl seinen Soldaten, seine Sklaven zurückzuholen.

Doch es war zu spät. Gott schuf einen Weg mitten durch das Meer.

Und sein Volk ging auf diesem Weg in die Freiheit.

David und Goliat

David winkte seinen älteren Brüdern zum Abschied zu.
Sie waren Soldaten und zogen mit der Armee des Königs in die Schlacht.

„Warum gibt es Krieg?", fragte David seinen Vater.
Jesse seufzte.
„Es geht um dieses Land – Kanaan", antwortete er.
„Wir glauben, Gott hat es uns geschenkt.

Vor langer Zeit hat Mose unser Volk hergeführt.

Auf dem Weg von Ägypten hat er uns Gesetze gegeben.

Wenn wir die befolgten, sagte Mose, würden wir Gottes Volk sein und hier in Sicherheit leben können.

Aber jetzt kommen die Philister und wollen das Land für sich haben."

David hatte sehr viel Zeit, um darüber nachzudenken.
Er war der Jüngste in der Familie. Er musste zu Hause in Bethlehem bleiben und die Schafe hüten.

„Eines Tages werde ich auch kämpfen", sagte er, während er mit seiner Steinschleuder zielen übte.

„Schließlich kann ich jetzt schon Bären vertreiben … und sogar Löwen."

Eines Tages sollte David seinen Brüdern Essen ins Soldatenlager bringen.

Als David dort ankam, stellten sich die Soldaten gerade für eine Schlacht auf.

Die Feinde standen ihnen gegenüber. Einer von ihnen trat vor.

„Traut sich jemand gegen mich zu kämpfen?", rief er. „Besiegt mich und ihr habt den Krieg gewonnen!"

Davids Brüder und alle anderen Soldaten des Königs rannten zurück ins Lager.

„Gegen Goliat kommt niemand an", erklärten die Brüder David. „König Saul hat zwar eine große Belohnung versprochen, wenn jemand ihn besiegt. Aber wer wagt es schon, gegen einen Riesen anzutreten?"

„Ich!", sagte David.

Bald erfuhr der König, was David vorhatte. Er ließ den jungen Krieger holen.

Als er David sah, rief er: „Du bist doch noch ein Kind! Du hast keine Chance."

„Gott hat mir geholfen, als ich gegen Bären und Löwen kämpfte", antwortete David.

„Er wird mir auch helfen, diesen Kampf für mein Volk zu gewinnen."

David nahm nur seine Schleuder und seinen Stab mit. Am Flussufer suchte er sich fünf Steine. Dann ging er langsam auf Goliat zu.

„Du kleiner Knirps wagst es?!", brüllte Goliat wütend.
„Ich wage es, weil Gott bei mir ist!", rief David.
Er schleuderte einen Stein.
Goliat stürzte zu Boden.

Das war nur Davids erster Sieg. Viele andere folgten.
Am Ende wurde David der neue König.
Er machte Jerusalem zur Hauptstadt.
„Hier werde ich einen Tempel bauen", erklärte er. „Hier werde ich beten und singen und den Gott loben, der uns geholfen hat."

Und er schrieb dieses Lied:

*Gott ist mein guter Hirte,
ich bin sein kleines Schaf.
Er wacht bei mir am Morgen,
er wacht bei mir im Schlaf.*

*Ich spiel auf grünen Wiesen,
am klaren Wasser hier.
Es kann mir nichts geschehen,
Gott wacht ja über mir.*

Jona und das tiefe Meer

Jona hatte es eilig. „Wo der wohl so schnell hinwill?", fragten die Leute.

„O ja, ich weiß. Er ist doch ein Bote Gottes. Er ist wohl unterwegs, um den Menschen zu verkünden, was Gott ihnen sagen will."

Ja, Gott hatte Jona wirklich einen Auftrag gegeben. Er sollte nach Ninive gehen.

„Sag den Leuten dort, sie sollen ihr böses Leben ändern, bevor sie die Strafe trifft!", hatte Gott gesagt.

Aber Jona lief genau in die andere Richtung.
Er bestieg ein Schiff, das ganz woandershin fahren würde.

Als er sicher an Deck war, lächelte Jona. „Jetzt werden diese bösen Leute in Ninive die Strafe bekommen, die sie verdienen", sagte er zufrieden.

Da kam plötzlich ein furchtbarer Sturm auf. Die Wellen schlugen über dem Schiff zusammen. Der Wind toste.

„O nein!", schrie Jona. „*Auf mich* ist Gott zornig. Ich habe seinen Auftrag nicht befolgt.

Ihr müsst mich ins Meer werfen", sagte er zu den Matrosen. „Der Sturm ist eine Strafe für mich, nicht für euch."

Und sie warfen ihn ins Meer.

Jona sank: tiefer und tiefer und tiefer ... bis hinunter in die finsterste Tiefe.

Plötzlich kam ein riesiges Meerestier und ... verschluckte ihn!

Und im Bauch des riesigen Tiers verstand Jona.
„Hilf mir, bitte, Gott!", betete er. „Bitte, hilf mir. Ich tue alles, was du verlangst, wenn du mich rettest. Versprochen."

Das Meerestier spuckte Jona aus. Er landete auf einem Strand.

Jetzt hatte Jona es wieder eilig. Diesmal rannte er nach Ninive.

Die Menschen in Ninive waren besorgt. Der König war es auch. Er fürchtete sich davor, was wohl geschehen würde. „Jona hat recht", sagte er. „Wir müssen uns ändern. Hört auf, Böses zu tun, und ändert endlich euer Leben."

Und die Menschen änderten sich wirklich.

Da vergab Gott ihnen.

Es gab kein Unglück. Keine Strafe. Jona wanderte aus der Stadt heraus und baute sich ein kleines Zelt zum Schutz vor der Sonne.

„Du bist zornig, Jona", sagte Gott. „Ich sehe es genau."

„Natürlich", sagte Jona. „Die Leute in Ninive haben eine Strafe verdient. Und du lässt sie einfach davonkommen. Und außerdem ist es viel zu heiß."

Gott antwortete nicht. Aber er ließ einen kleinen Samen neben Jonas Schutzzelt aufgehen. Der wuchs ganz rasch, und bald saß Jona unter einem schattigen Busch. Das gefiel Jona sehr.

Und dann schickte Gott einen Wurm. Der Wurm nagte an der Wurzel des Busches, und der Busch verwelkte.

Der Wind blies heiß. Die Blätter verdorrten.

Jona war wütend. „So ein Ärger!", schimpfte er.

Gott redete mit Jona. Er tat es sehr, sehr leise. „Du bist traurig wegen dieser Pflanze", sagte Gott. „Das sehe ich. Ich war auch traurig, und zwar über die Menschen in Ninive.

Und jetzt freue ich mich, dass sie wieder freundlich zueinander sind. Das ist doch viel besser als eine Strafe, findest du nicht, Jona?"

Daniel und die Löwen

Daniel war ein junger Mann. Es ging ihm sehr gut.

Er war reich. Er war klug. Er lebte in der wunderschönen Stadt Jerusalem. Er ging dort in den Tempel und betete regelmäßig.

Dann kamen Soldaten aus Babylon. Sie gewannen eine erbitterte Schlacht. Sie nahmen die Menschen in Jerusalem gefangen und brachten sie fort, nach Babylon. Auch Daniel brachten sie fort.

„Ich kann trotzdem so leben, wie es Gott gefällt", sagte Daniel zu sich selbst. „Ich kann trotzdem beten. Und ich bitte Gott, dass er mir hilft, immer zu tun, was gut und richtig ist."

Der König bemerkte, dass Daniel sehr klug war. Auch der nächste König merkte es. Und auch der übernächste.
Und so bekam Daniel schließlich vom König Darius eine sehr wichtige Aufgabe.

Das machte andere am Königshof neidisch.

Sie tuschelten miteinander.
Sie schmiedeten einen Plan.
Sie gingen zum König.

„O König", sagten sie und verneigten sich tief. „Nur Ihr seid groß und erhaben. Niemand im Himmel und auf Erden ist größer. Wer meint, er müsse jemand anderen anbeten als Euch, sollte bestraft werden."

„Ihr habt recht", sagte der König.

„Man sollte ihn den Löwen vorwerfen", sagten die Männer.

„Ein guter Plan", sagte der König. „Ich werde das sofort zum Gesetz erklären."

Die Männer rieben sich die Hände. Sie suchten Daniel.
Sie wussten, wo sie ihn finden würden.

Er stand am Fenster und betete.

Sie ergriffen ihn und schleppten ihn
vor den König.

„Daniel hält Gott für wichtiger als Euch, o König", sagten sie. „Er betet immer noch zu seinem Gott. Er muss zu den Löwen geworfen werden."

König Darius war entsetzt. „Aber ich kann mich doch auf Daniel verlassen", widersprach er.

„Gesetz ist Gesetz", erwiderten die Männer. „Auch Ihr müsst Euch an Euer Gesetz halten."

Das stimmte. Der König konnte nichts anderes tun. So warf man Daniel in eine Grube, in der die Löwen hausten.

Sie hatten scharfe Krallen. Sie hatten spitze Zähne. Ihre Mäuler waren riesig.
Aber Daniel kniete sich mitten zwischen die Löwen und betete.

Gott schickte einen Engel.
Der sorgte dafür, dass die Löwen
Daniel nichts taten.

Am nächsten Morgen eilte König Darius zur Löwengrube. Er wagte es kaum, hineinzuschauen.

Konnte Daniel denn überhaupt noch am Leben sein?

„Daniel, lebst du noch?", rief der König hinab.

„Ja", antwortete Daniel. „Ich bin unversehrt. Gott hat mich beschützt."

Und da begriff es sogar der große König Darius. „Daniels Gott ist größer und wunderbarer als irgendjemand sonst im Himmel oder auf der Erde", erklärte er.

Neues Testament

Jesus, Freund der Kinder,
sei ein Freund auch mir.
Nimm mich an der Hand,
und halt mich nah bei dir.

Jesus wird geboren

Die Stimme des Engels klang freundlich.

„Hab keine Angst, Maria. Ich bringe dir eine Botschaft von Gott."

Maria hörte mit weit aufgerissenen Augen zu. War da wirklich ein Engel zu ihr nach Nazareth gekommen?

„Gott hat dich ausgewählt. Du sollst die Mutter seines Sohnes sein", sagte der Engel. „Nenne ihn Jesus. Er wird ein König sein – der König, der alle Menschen einlädt, Freundschaft mit Gott zu schließen."

Maria überlegte es sich genau. „Ich werde tun, was Gott will", sagte sie.

Als Josef hörte, dass Maria ein Kind bekommen würde, war er traurig. „Das ist nicht mein Kind", seufzte er. „Maria und ich werden nun wohl nicht heiraten."

Dann hatte Josef einen Traum. Im Traum redete ein Engel mit ihm.

„Gott hat dich ausgewählt. Du sollst für Maria und für ihr Kind sorgen", sagte der Engel.

Als Josef aufwachte, ging er sofort zu Maria.

„Maria", sagte er, „ich muss eine Reise machen. Nach Bethlehem. Der Kaiser will, dass alle sich in dem Ort, wo sie geboren sind, in Listen eintragen."

Maria nickte.

„Wir reisen zusammen, als Familie", sagte Josef.

Als sie in Bethlehem ankamen, waren sehr viele Menschen in der Stadt. Maria und Josef fanden nur noch einen Stall zum Übernachten. Und dort wurde Marias Kind geboren.

Auf einem Hügel nah bei dem Stall hüteten einige Hirten ihre Schafe.

Plötzlich erschien ein Engel.

„Ich will euch etwas sehr Schönes verraten", sagte der Engel.

„In Bethlehem ist heute Gottes Sohn geboren worden. Wenn ihr ihn sucht, findet ihr ihn in Windeln gewickelt in einer Futterkrippe."

Plötzlich war der ganze Himmel voller Engel und Gesang.
Und dann wurde es wieder Nacht.

„Kann das wohl wahr sein?", fragten die Hirten.
„Kommt, wir machen uns auf den Weg und schauen,
ob es stimmt."

Und genau wie der Engel es gesagt hatte, fanden die Hirten Maria und ihr Baby.

Sie erzählten ihr, was sie in dieser Nacht erlebt hatten.

Weise Männer aus dem Osten entdeckten am Himmel einen neuen, hellen Stern. Sie folgten ihm auf eine weite Reise.

„Wir glauben, der Stern führt uns zu einem neugeborenen König", sagten sie.

Der Stern führte sie zu Jesus.

Die weisen Männer machten Jesus kostbare Geschenke: Gold, Weihrauch, Myrrhe.

Josef sah den Männern nach, als sie wieder abreisten.

„Wir müssen auch aufbrechen", sagte er zu Maria. „Wir müssen gut aufpassen, dass Jesus nichts passiert. Später einmal wird er tun, was Gott ihm aufgetragen hat."

Jesus wird erwachsen

Jesus wuchs in Nazareth auf. Von seinem Vater Josef lernte er alles, was man als Zimmermann wissen muss.

Er ging zur Schule wie alle anderen Jungen in Nazareth.

Er lernte die Geschichten kennen, die man sich in seinem Volk erzählte.

Er lernte viel über Gott und darüber, was er getan hatte.

Er lernte die heiligen Bücher zu lesen. Und er merkte sich alles gut.

Als er erwachsen war, wurde er Wanderprediger.

Er wollte den Menschen sagen, dass Gott sie lieb hat.

Er suchte sich zwölf Männer aus, die seine Freunde sein sollten.

Petrus, Andreas, Jakobus und Johannes gehörten dazu.

Sie waren Fischer am See Genezareth.

„Lasst eure Netze liegen und kommt mit mir", rief Jesus ihnen zu.

„Ihr werdet keine Fische mehr fangen. Von jetzt an sollt ihr mit mir den Menschen von Gottes Liebe erzählen."

Viele Menschen wollten Jesus zuhören.

„Bemüht euch vor allem darum, so zu leben, wie es Gott gefällt", verkündete Jesus.

„Denkt nicht nur an euch selbst, sondern seid auch für andere da.

Und habt nicht nur eure Freunde lieb. Seid freundlich zu allen, auch zu den Menschen, die euch nicht mögen. Versucht ihnen zu helfen, wenn sie es brauchen."

Wenn ihr betet, dann betet so:
*"Unser Vater im Himmel,
geheiligt werde dein Name.
Dein Reich komme.
Dein Wille geschehe,
wie im Himmel so auf Erden.*

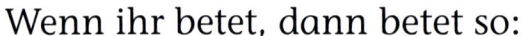

*Unser tägliches Brot gib uns heute.
Und vergib uns unsere Schuld,
wie auch wir vergeben unsern Schuldigern.
Und führe uns nicht in Versuchung,
sondern erlöse uns von dem Bösen."*

Seht euch doch um. Gott sorgt für jeden kleinen Vogel und für jede bunte Blume.

Und ihr seid Gott noch viel wichtiger.

Gottes Königreich ist wie ein großer Baum, der aus einem winzigen Samenkorn gewachsen ist. In seiner Krone finden viele Vögel einen sicheren Platz.

In Gottes Königreich ist jeder willkommen. Alle gehören dazu."

Verloren und gefunden

Jesus lud viele Menschen ein, seine Freunde zu werden. „Auch wenn ihr etwas falsch gemacht habt, könnt ihr Gottes Freunde sein", sagte er.

Das tat den Leuten gut, die wussten, dass sie etwas Falsches getan hatten und darüber traurig waren.

Aber andere ärgerten sich über Jesus. „Wir haben uns immer so viel Mühe gegeben, keine Fehler zu machen", murrten sie. „Und deshalb hat Gott uns bestimmt lieber als dieses Gesindel da drüben."

Jesus erzählte ihnen eine Geschichte.

„Ein Hirte hatte hundert Schafe. Er zählte sie jeden Tag. Eines Tages merkte er, dass nur neunundneunzig Schafe da waren.

Was tat der Hirte?

Er ließ die neunundneunzig auf der Weide zurück und machte sich auf die Suche.

Er suchte ziemlich lange. Als er das verlorene Schaf endlich fand, war er überglücklich. Er trug es behutsam nach Hause.

‚Kommt, wir feiern', sagte er zu seinen Freunden. ‚Ich habe mein verlorenes Schaf wiedergefunden.'

Gott ist wie dieser Hirte", sagte Jesus. „Gott ist glücklich, wenn nur ein Einziger, der den richtigen Weg verloren hat, in sein Königreich zurückkommt."

Jesus erzählte noch eine Geschichte.

„Ein Mann hatte zwei Söhne. Der eine arbeitete hart auf den Feldern seines Vaters. Der andere bat seinen Vater: ‚Gib mir, was ich einmal erben werde.' Dann ging er mit seinem Geld von zu Hause weg.

Er gab sein ganzes Geld für wertlose Dinge aus.

Bald hatte er keine einzige Münze mehr. Er hatte Hunger. Er musste sich Geld verdienen, indem er Schweine hütete.

‚Ich habe alles falsch gemacht', weinte er. ‚Aber ich kann zu meinem Vater zurückkehren und sagen, dass es mir leidtut.'

Der Weg nach Hause war lang. Schon von Weitem sah sein Vater den jungen Mann kommen und rannte ihm entgegen.

‚Willkommen zu Hause!', rief er. Und dann lud er alle Freunde und Nachbarn ein: ‚Kommt und feiert mit mir, dass mein Sohn wieder da ist.'

Der andere Sohn kam von seiner Feldarbeit zurück.

Er war zornig, dass der Vater ein großes Fest für seinen Bruder gab. ‚Freu dich doch mit uns', bat der Vater. ‚Ich dachte, dein Bruder wäre für immer verloren. Aber nun haben wir ihn wiedergefunden.' Gott ist wie dieser Vater", sagte Jesus.

Wind und Wellen

Jesus wanderte in der Gegend am See Genezareth umher und erzählte den Menschen von Gott. Oft fuhr Jesus mit seinen Freunden im Boot über den See.

Einmal war Jesus so müde, dass er im Boot einschlief. Plötzlich kam ein Sturm auf. Der Wind heulte. Die Wellen schlugen gegen das Boot.

Seine Freunde weckten ihn auf.
„Hilf uns!", riefen sie.
„Ist es dir etwa egal, wenn wir untergehen?"

Jesus stand auf. „Schschscht", befahl er dem Sturm und den Wellen. „Seid still."

Sofort war der See wieder ruhig. Der Himmel wurde wieder blau.

Die Freunde flüsterten miteinander. „Wer ist Jesus nur? Sogar der Wind und die Wellen gehorchen ihm."

Die Freunde dachten noch immer über Jesus nach, als sie wenig später am Ufer anlegten. Dort warteten schon wieder viele Menschen. Sie hatten viel von Jesus gehört und wollten ihn sehen.

Ganz vorn stand ein Mann mit Namen Jaïrus.

„Bitte, komm in mein Haus", sagte er. „Meine Tochter ist sehr krank. Du kannst sie bestimmt wieder gesund machen."

„Natürlich komme ich", sagte Jesus. Aber er hatte es nicht eilig. So viele Menschen wollten etwas von ihm.

Jesus schien das nichts auszumachen. Er blieb sogar stehen und sprach mit einer Frau, die ihn am Ärmel gezupft hatte.

„Ich bin schon viele Jahre krank", sagte sie. „Ich weiß, dass du mich gesund machen kannst."

„Du bist jetzt wieder gesund", sagte Jesus, „weil du mir so vertraust."

Da kam ein Bote aus dem Haus von Jairus. „Ihr kommt zu spät", flüsterte er Jairus zu. „Deine Tochter … Es tut mir so leid … Sie ist gerade gestorben."

„Wir kommen nicht zu spät", sagte Jesus und ging mit Jairus zu seinem Haus. Dort schickte Jesus die weinenden Frauen fort.

Er ging in das Zimmer, in dem die Tochter von Jairus auf dem Bett lag.

„Meine Kleine", sagte er sanft. „Es ist Zeit aufzuwachen."

Das Mädchen setzte sich sofort auf. Jairus und seine Frau waren überglücklich.

„Ihr müsst es nicht herumerzählen", sagte Jesus. „Aber kümmert euch um eure Kleine. Sie hat sicher Hunger."

Ein Samariter hat Mitleid

Eines Tages kam ein Mann zu Jesus.

„Wir haben etwas gemeinsam", sagte er verlegen zu Jesus. „Ich bin auch ein Lehrer. Ich sage den Menschen, wie man so lebt, wie es Gott gefällt. Genau wie du. Und nun habe ich eine Frage: Was ist für Gott am wichtigsten?

„Du hast sicher unsere heiligen Bücher gelesen", sagte Jesus. „Was sagen sie zu deiner Frage?"

„Dort steht: Liebe Gott mehr als alles andere", antwortete der Lehrer. „Und behandle andere so, wie du selbst behandelt werden möchtest."

„Genau", sagte Jesus. „Ich dachte mir, dass du die Antwort kennst."

Der Mann runzelte die Stirn. Wollte Jesus ihn lächerlich machen? Der Mann stellte noch eine Frage: „Und wer ist mit den anderen gemeint?"

Jesus erzählte eine Geschichte:

„Ein Mann reiste von Jerusalem nach Jericho.
Die Straße war einsam, und er wurde von Räubern überfallen. Sie schlugen ihn heftig und ließen ihn einfach auf der Straße liegen.

Ein Priester kam vorbei. Er war in Jerusalem im Tempel gewesen. Er sah den Verletzten und ging schnell auf die andere Straßenseite.

Dann kam ein Tempelgehilfe. Er betrachtete den verletzten Mann und war erschüttert. Aber was konnte er schon tun?

Er ging einfach weiter.

Wieder näherte sich jemand. Es war ein Samariter."

Jetzt sah der Lehrer verblüfft aus. Was konnte man von einem Menschen aus Samarien schon erwarten? Die kamen ja nicht in den Tempel, um zu beten. Sie verstanden auch die heiligen Bücher nicht so, wie die Priester es taten.

Jesus fuhr fort: „Der Samariter blieb stehen.
Er wusch und verband die Wunden des Verletzten.

Dann hob er den Mann auf seinen Esel und brachte ihn zu einem Gasthaus.

Am nächsten Tag musste der Samariter weiterreisen. „Nimm das", sagte er zum Gastwirt und reichte ihm einen Geldbeutel. „Bitte pfleg den Verletzten für mich gesund. Wenn das Geld nicht reicht, bezahle ich dir mehr, sobald ich wieder hier vorbeikomme."

„Was denkst du", fragte Jesus den Lehrer, „wer von den drei Männern hat den Verletzten so behandelt, wie er selbst gern behandelt werden würde?"

„Der, der ihm half", sagte der Lehrer.

„Genau!", sagte Jesus. „Mach du es von nun an auch so."

Jesus in Jerusalem

In Jerusalem feierte man ein großes Fest. Viele Menschen waren auf dem Weg in die Stadt.

Auch Jesus kam zum Fest. Er ritt auf einem Esel.

„Wir sind gespannt", flüsterten die Leute. „Vielleicht hat er beim Fest etwas Besonderes vor. Er redet immer von einem Königreich.

Ob er sich zum König machen will?"
Sie schwenkten Palmzweige und jubelten ihm zu.
„Lang lebe der König!", rief jemand.

Jesus ging zum Tempel. Auf dem Tempelvorplatz war ein Markt, auf dem alles Mögliche für das Fest verkauft wurde.

„Hört auf damit!", schrie Jesus zornig. „Der Tempel ist dafür da, dass Menschen hier beten können. Nicht dafür, den Menschen ihr Geld abzuknöpfen."

Jesus stieß die Marktstände einfach um und schubste die Leute fort.

Die Priester und Lehrer runzelten die Stirn. „Jesus macht nur Ärger", sagten sie. „Wir müssen ihn loswerden."

Jesus wusste, was seine Feinde dachten.

Er bat seine Freunde, ein Festmahl vorzubereiten.

Jesus brach das Brot. „So wird auch mein Leib bald zerbrochen werden", sagte er.

Er goss Wein in einen Kelch und sagte: „So wird mein Blut bald vergossen werden."

„Wenn ihr in Zukunft ein solches Mahl miteinander teilt, dann denkt an mich. Erinnert euch an Gottes Liebe, von der ich euch erzählt habe. Denkt daran, einander zu lieben."

Seine Freunde wunderten sich. Was wollte Jesus damit sagen? Nur einer von ihnen, Judas Iskariot, schlich sich heimlich fort.

Nach dem Essen gingen Jesus und seine Freunde in einen Olivengarten. Dort konnte man im Freien schlafen.

Aber Jesus schlief nicht. Er betete.

„Gott, mein lieber Vater, ich fürchte mich. Es kommt Schweres auf mich zu. Aber wenn es so sein muss, dann hilf mir bitte."

Kurz danach tauchte plötzlich Judas Iskariot auf.

Er hatte mit den Priestern und den Tempellehrern einen bösen Plan geschmiedet. Mit Judas kamen Soldaten, die Jesus gefangen nahmen.

Die Soldaten brachten Jesus zu den Priestern.
„Was du über Gott erzählst, ist falsch", warfen sie ihm vor. „Das muss bestraft werden."

Dann brachten sie Jesus zu Pontius Pilatus,
dem Stellvertreter des Kaisers in Rom.
Sie sagten, Jesus habe einen Aufstand angestiftet.
Sie drehten es so, dass Pilatus Jesus zum Tod verurteilte.

Jesus wurde an ein großes Kreuz aus Holz genagelt.

Am Abend, kurz bevor die Sonne unterging, kamen seine Freunde und trugen den toten Jesus fort.

Sie legten ihn in eine Grabhöhle in einem Felsen und verschlossen sie mit einem schweren Stein.

Jesus hatte ihnen Hoffnung gegeben und Freude geschenkt. War das nun für immer vorbei?

Ein neuer Anfang

Es war früh am Morgen. Die Sonne war kaum aufgegangen. Einige Frauen liefen zum Grab von Jesus.

„Gestern hätten wir es nicht tun können", sagten sie. „Das war ja der Sabbat, der Ruhetag. Aber heute können wir so von Jesus Abschied nehmen, wie es sich gehört."

Endlich waren sie beim Grab. Aber jemand hatte den schweren Stein davor weggerollt.

Im Grab sahen sie zwei Engel. „Jesus ist nicht hier", sagten sie. „Er lebt."

Sofort rannten die Frauen zu den Freunden von Jesus und erzählten, was passiert war.

Petrus und Johannes wollten mit eigenen Augen sehen, ob es stimmte.

Auch sie fanden ein leeres Grab.

Maria aus Magdala war auch zum Grab gekommen. Plötzlich stand ein Mann vor ihr.

„Der Gärtner!", dachte sie. „Ich frage ihn, wohin sie den toten Jesus gebracht haben."

Der Mann sagte nur: „Maria!" Da erkannte sie: Es war Jesus! Er war wirklich lebendig!

Danach sahen seine Freunde Jesus noch öfter. Sie sahen sogar die Narben von den Nägeln an seinen Händen und Füßen.

Er sagte ihnen, was sie nun als Nächstes tun sollten, und sie hörten gut zu.

„Erzählt allen Menschen die gute Nachricht von Gott", sagte er.

„Und wenn jemand sich entscheidet, Gottes Freund zu werden, dann kümmert euch um ihn, wie ein Hirte sich um sein Schaf kümmert.

Ich kehre jetzt bald zurück zu meinem Vater im Himmel. Dann seid nicht traurig. Denn ich werde dort alles für euch vorbereiten.

Und schon bald wird Gott euch den Mut schenken, den ihr braucht, um von mir weiterzuerzählen."

Und tatsächlich: Schon bald danach merkten die Jünger eines Tages, dass etwas wie Feuer und Wind sie umgab und ihnen Mut schenkte.

Mutig erzählten sie überall von Gottes Liebe zu den Menschen und von Jesus.

„Jesus lebt", sagten sie. „Er hat uns gezeigt, wie wir Gottes Freunde sein können und wie wir leben sollen. Er hat uns eingeladen in Gottes Königreich, wo die Menschen sich lieben. In sein himmlisches Paradies."

Lieber Gott,
danke, dass du
auf mich aufpasst
und mich lieb hast.